SingLiesel

MIX
Papier | Fördert gute Waldnutzung
FSC® C014138
www.fsc.org

Satz: Röser MEDIA GmbH & Co. KG, Karlsruhe

Druck: FINIDR, s.r.o.
Printed in Czech Republic

ISBN 978-3-948106-27-0

3. Auflage

info@singliesel.de, www.singliesel.de

Bildnachweise:
Blumen: Gizele/Shutterstock.com
Cover-Foto: Krakenimages.com/Shutterstock.com

Natali Mallek – Annika Schneider

# SPRICHWORTGESCHICHTEN

# INHALT

## Kreuz und quer

# EINFÜHRUNG

Geschichten mit Sprichwörtern haben sich in den letzten Jahren in der Seniorenarbeit fest etabliert. Besonders Menschen mit Demenz profitieren von bekannten und vertrauten Elementen in den auf sie zugeschnittenen Aktivierungsangeboten. Sprichwörter sind ihnen vertraut! Mit Sprichwörtern sind viele der heute lebenden Senioren aufgewachsen. Und es zeigt sich jeden Tag aufs Neue, dass bekannte Sprichwörter und Redewendungen von früher auch bei Menschen mit Demenz noch lange im Gedächtnis verankert sind.

Die Senioren können alle Sprichwortgeschichten in diesem Buch mitgestalten. Das fördert die Aktivität, die Lebenslust und stärkt das Selbstbewusstsein. Die Geschichten können Sie sowohl in der Einzelbetreuung als auch in Gruppenangeboten vorlesen. Lassen Sie die Mitmachenden jeweils die zweite Hälfte der in den Geschichten versteckten Sprichwörter und Redewendungen ergänzen. Je nach Ressourcen können Sie die Senioren natürlich unterstützen – so viel, wie der Einzelne benötigt.

Im Anschluss an die Sprichwortgeschichten bieten sich Gespräche zum Austausch und zum Erzählen an. Dafür eignen sich sowohl das Thema, um das sich die Geschichte dreht, als auch die Sprichwörter selbst. „Stimmen“ die Sprichwörter? Welche Erfahrungen haben die Senioren mit den Sprichwörtern und Redewendungen gemacht? Welche Sprichwörter haben die Mitmachenden in ihrem Leben besonders begleitet?

Wir wünschen Ihnen viel Freude mit unseren Sprichwortgeschichten!

Natali Mallek und Annika Schneider

# FRÜHLING

# DER FRÜHLING IST DA

Im Frühling wärmen mir die ersten Sonnenstrahlen nach einem langen Winter immer das Herz und das Gemüt. Deshalb bin ich froh, dass der Frühling nun endlich da ist, wir haben ja auch lange auf ihn gewartet. Aber schon meine Oma wusste:

Was lange währt, ... (wird endlich gut)!

Zu dem schönen Wetter passt auch, dass ich gerade frisch verliebt bin. Ich habe den allerliebsten Mann der Welt kennengelernt. Er ist ein richtiger Kavalier. Kein Wunder, dass ich da

Frühlings ... (gefühle)

habe. Mein neuer Schatz sieht auch gut aus: Er hat dunkelblaue Augen, in denen man fast versinkt, und immer ein herzliches Lächeln im Gesicht. Da bin ich sehr froh, dass das Sprichwort

Liebe macht ... (blind)

bei mir nicht stimmt. Heute kommt er zu mir und ich möchte etwas ganz Besonderes für ihn kochen. Passend zum Frühling habe ich Spargel gekauft, den ich mit Petersilienkartöffelchen servieren möchte. Spargel ist mein Lieblingsessen. Zum Nachtisch gibt es frische Erdbeeren, die ich in Schokolade getunkt habe. Ich hoffe sehr, dass es ihm schmecken wird. Denn

Liebe geht ... (durch den Magen).

Den Tisch für unser frühlingshaftes Essen habe ich schon dekoriert. Natürlich mit Frühlingsblumen: Schneeglöckchen, Osterglocken und Tulpen. Es sieht wirklich schön aus. Da wird das Essen noch besser schmecken. Schließlich wissen wir alle:

Das Auge ... (isst mit).

Am nächsten Wochenende werde ich die Eltern von meinem neuen Freund kennenlernen. Ich hoffe, dass sie nett sind und mich mögen. Ich denke aber schon, denn

der Apfel fällt nicht ... (weit vom Stamm).

Aber jetzt konzentriere ich mich erst einmal auf unser heutiges Frühlingsessen an einem wunderschönen Tisch mit zauberhaften Frühlingsblumen und einem liebevoll gekochten Menü.

Da klingelt er auch schon. Ich gehe zur Tür und er begrüßt mich mit seinem wunderschönen Lächeln. Als ich ihm erzähle, dass es Spargel zu essen gibt, sagt er mir, dass das sein Leibgericht sei. Genau wie meins. Aber man sagt ja auch:

Gleich und gleich ... (gesellt sich gern).

# ACH DU DICKES EI

An Ostern sind Eier ein großes Thema. Doch ich mag Eier eigentlich nicht besonders. Im Kuchenteig sind sie zwar ganz gut, aber ansonsten kann ich mich für Eier nicht sonderlich erwärmen. Man sagt ja:

Über Geschmack lässt sich … (nicht streiten).

Meine Tante hat mir neulich Eier von ihrem Bauernhof mitgebracht und behauptet, dass ihre Eier besonders gut schmecken würden. Doch ich muss sagen, es ist beim Geschmack wie beim Aussehen:

Ein Ei gleicht … (dem anderen).

Etwas, das mir besonders viel Spaß macht, ist allerdings das Bemalen von Ostereiern. Jedes Jahr versuche ich, noch kreativere Ostereier zu gestalten. Ob gepunktet, gestreift oder marmoriert, meine sind wirklich immer die schönsten. Aber sie schmecken mir trotzdem nicht. Man könnte sagen:

Außen hui, … (innen pfui).

In diesem Jahr hatte ich mir deswegen vorgenommen, alle Eier auszupusten, um aus dem Eigelb und dem Eiweiß dann leckeres Gebäck zu zaubern, damit ich es nicht pur essen musste. Da ich immer sehr viele Eier bemale, war das ziemlich viel Arbeit. Beim Auspusten der Eier ist mein Kopf ganz rot geworden. Aber:

Ohne Fleiß … (kein Preis).

Die Eier haben für Plätzchen und zwei Kuchen gereicht. Die Plätzchen habe ich mit Osterausstechern ausgestochen, die die Form von einem Küken, einem Hasen und einem Ei haben. Ganz billig waren die Ausstecher zwar nicht, doch sie waren es mir wert, denn

das Auge ... (isst mit).

Weil ich nur eine Kuchenform habe, musste ich mir die alte Kuchenform von meiner Mutter ausleihen. Ihre Form ist zwar schon etwas verbeult, aber der Kuchen gelingt immer darin. Hier gilt:

Alter geht ... (vor Schönheit).

Mit dem Ergebnis meiner Backkünste war ich sehr zufrieden. Es war zwar sehr viel anstrengender, als die Eier einfach nur hart zu kochen, aber es hat sich gelohnt.

Erst die Arbeit, ... (dann das Vergnügen).

# MORGENSTUND' HAT GOLD IM MUND

Lisa und Hans sind heute Morgen besonders früh aufgestanden. Denn:

Der frühe Vogel fängt ... (den Wurm).

Es ist Sonntag. Muttertag. Und am Muttertag möchten die beiden das Frühstück für ihre Eltern vorbereiten. An allen anderen Tagen im Jahr deckt ihre Mutter den Frühstückstisch. Heute darf sie liegen bleiben und sich ein wenig ausruhen:

In der Ruhe ... (liegt die Kraft).

Lisa und Hans legen eine weiße Tischdecke auf den Tisch und stellen ordentlich Teller, Tassen und Untertassen darauf. Von ihrer Mutter haben sie gelernt:

Das Auge isst ... (mit).

Messer und Löffel legen sie akkurat daneben. Da Hans ein wenig jünger ist als Lisa, gelingt es ihm nicht, das Besteck ganz gerade hinzulegen. Das macht aber nichts, Lisa hilft ihm.

Es ist noch kein Meister ... (vom Himmel gefallen).

Dafür hat sich Hans selbst beigebracht, die Servietten so zu falten, dass sie wie ein Herz aussehen. Er hat es immer wieder versucht und:

Übung macht den ... (Meister).

Die beiden stellen Brot, Marmelade, Wurst, Käse und Butter auf den Frühstückstisch und schneiden den Kuchen an. Es ist der Lieblingskuchen ihrer Mutter, den sie selbst gestern noch gebacken haben, denn

Liebe geht ja bekanntlich … (durch den Magen).

Beim letzten Gluckern der Kaffeemaschine ist es so weit: Die beiden stürmen das Schlafzimmer und wecken ihre Eltern. „Aufstehen, Mama und Papa!

Morgenstund' hat … (Gold im Mund).

Das Frühstück ist fertig!“ Bei dem lauten Wecker und dem Duft von frisch aufgebrühtem Kaffee in der Nase können die Eltern gar nicht anders: Noch im Schlafanzug gehen die beiden zum Frühstückstisch. Und sie staunen nicht schlecht, als sie sehen, was da alles draufsteht. Lisa und Hans haben sogar noch einen frischen Strauß mit wilden Frühlingsblumen für ihre Mutter gepflückt. „Alles Liebe zum Muttertag!“, rufen sie im Chor. Und obwohl es heißt

Vorfreude ist die … (schönste Freude),

sind sie jetzt doch glücklich, dass es endlich los geht und sie von dem selbst gebackenen Kuchen probieren dürfen. Ihre Mutter kommt aus dem Staunen nicht mehr heraus: „Das ist der schönste Frühstückstisch, den ich je gesehen habe“, sagt sie und beißt glücklich in ihren Lieblingskuchen. Und irgendwie ist sie ein wenig stolz auf sich, weil sie so tolle und talentierte Kinder hat.

# DIE HEILIGEN AUS DEM EIS

Endlich ist es Mai, und Sieglinde kann nun all ihre kleinen Pflänzchen nach draußen setzen und sich wieder um ihre Beete und Blumen kümmern. Sie genießt die Gartenarbeit an der frischen Luft und hat sich so darauf gefreut, dass der April endlich vorbei ist. Schließlich weiß jeder:

Der April macht, ... (was er will).

Mit Schnee, Eis und Regen muss man im April ja immer rechnen und Sieglinde sehnt sich jeden Tag nach dem Beginn des Wonnemonats Mai. Doch obwohl jetzt Mai ist,

regnet es wie aus ... (Kübeln).

Auch wenn Sieglinde immer

Sonne im ... (Herzen)

trägt, fühlt es sich für sie so an, als sei sie

vom Regen in die ... (Traufe)

gekommen und als würde der Mai sie einfach

im Regen ... (stehen lassen).

Doch dann las Sieglinde in der Zeitung, dass die Eisheiligen in diesen Tagen ihr Unwesen trieben und dass das Wetter danach besser werden würde. Bisher hatte sie nicht viel von den alten Bauernregeln gehalten, sondern eher gedacht, dass das

Schnee von ... (gestern)

sei. Doch nun hatten ihr die eisigen Gesellen im Mai bei ihrer Gartengestaltung ganz schön den

Wind aus ... (den Segeln)

genommen. Da half es auch nicht, sich warm anzuziehen und

Wind und Wetter zu ... (trotzen).

Sie musste einfach noch abwarten, bis Bonifatius, die kalte Sophie und wie sie alle hießen endlich das Weite gesucht hatten. Sieglinde war zwar nicht dafür, ihr

Fähnchen nach dem ... (Wind zu hängen),

aber in diesem Fall gab es wohl keine andere Möglichkeit, als erstmal

alle Fünfe ... (gerade sein zu lassen).

Denn schließlich wusste Sieglinde schon lange:

Kommt Zeit, ... (kommt Rat).

Und in diesem Fall auch hoffentlich besseres Wetter für ihre Pflänzchen, Blumen und die Gartengestaltung.

# SOMMER

# AUF ROSEN GEBETTET

Ich liebe den Juni, da er der Rosenmonat ist und Rosen meine Lieblingsblumen sind. Bevor endlich der Juni kommt und die Rosen erblühen, habe ich schon viel Arbeit mit ihnen. Ich pflege sie fast das ganze Jahr. Aber so ist das nun mal:

Erst die Arbeit, ... (dann das Vergnügen).

Auch in diesem Jahr hat sich schon mit den ersten Sonnenstrahlen so manches Unkraut breitgemacht. Damit meine Rosen trotzdem wachsen können, musste ich also jede Menge Zeit investieren und Unkraut jäten, sonst wäre das das Ende meiner Rosen gewesen. Denn wie heißt es so schön:

Unkraut ... (vergeht nicht).

Zumindest nicht ohne Zutun!

Nach dem Winter habe ich immer vergessen, wie anstrengend das Unkrautzupfen ist. Einer Pflanze, die ich dort nicht haben wollte, hat es heuer besonders gut in meinem Rosenbeet gefallen: der gemeinen Distel. Diese wollte sich dort einnisten und das folgende Sprichwort stimmt:

Disteln wachsen ... (schneller als Rosen).

Ich bin trotzdem Herr über die Lage geworden und habe mich jeden Montag an die Arbeit gemacht. Scherzhaft habe ich einmal zu meinem Nachbarn gesagt: „Ich habe jeden Montag ‚Rosenmontag'." Diesen Scherz konnte er wohl nicht vergessen, und jedes Mal, wenn er mich danach montags in meinem Rosenbeet gesehen hat, sagte er:

„Lieber Rosen am Montag als … (Asche am Mittwoch)."

Jetzt, im Juni, kann ich endlich die sprichwörtlichen Früchte meiner Arbeit ernten und mich an der reichen Blütenpracht sattsehen. Ab und zu schneide ich die Rosen noch zurecht, dabei muss ich gut aufpassen, damit die Rosen mich nicht stechen.

Wo Rosen sind, … (sind auch Dornen).

Nach dem Betrachten, Schneiden, Hegen und Pflegen meiner wunderschönen Rosen schlafe ich sehr gut. Von der vielen Gartenarbeit bin ich dann müde, und der Erfolg meiner Mühen macht mich glücklich. Mein Bett fühlt sich dann besonders weich und gemütlich an und ich komme mir vor

wie auf Rosen … (gebettet).

# URLAUB AUF DEM MEER

Wir haben in diesem Jahr das allererste Mal Urlaub auf dem Meer gemacht: eine Mittelmeerkreuzfahrt. Die Vorfreude war riesengroß! Früh am Morgen sollte es losgehen, und die Vorbereitungen für die Reise waren in vollem Gange – so dachte ich. Meine Tochter hatte ihren gepackten Rucksack schon an der Haustür abgestellt, ich ging in ihr Zimmer, um ihren Koffer zu holen. Aber:

Eine Schwalbe ... (macht noch keinen Sommer)!

Sie hatte außer ihrem Rucksack noch gar nichts gepackt. Ein Blick in das Zimmer meines Sohnes, und ich kam

vom Regen in die ... (Traufe).

Auch hier stand kein gepackter Koffer, auch kein gepackter Rucksack, und das Zimmer war schon gar nicht aufgeräumt. Mein Mann war mit dem Auto zur Waschanlage gefahren, und so langsam spürte ich vor Wut und Verzweiflung Tränen in mir aufsteigen. Alle sagen mir immer, ich sei einfach

zu nah am Wasser ... (gebaut).

Gott sei Dank kam mein Mann schnell zurück, und als ich ihm von meiner Wut und den noch nicht gepackten Koffern erzählte, nahm er mir schnell

den Wind aus ... (den Segeln).

Er wollte sich darum kümmern.

Er packte mit den beiden Kindern ihre Koffer, sorgte dafür, dass unser Sohn sein Zimmer aufräumte, und fing sogar an, das Auto zu packen. Schon war das Chaos von vorhin

Schnee von ... (gestern).

Wir machten uns einen ruhigen Abend und gingen zeitig ins Bett, da wir am nächsten Morgen sehr früh aufstehen mussten. Der Morgen der großen Reise war anstrengend, aber alle haben mit angefasst und sich gegenseitig geholfen. So klappt es am besten:

Eine Hand wäscht ... (die andere).

Deshalb konnten wir pünktlich mit dem Auto in Richtung Hafen starten. Ich freute mich auf diesen Urlaub mit den Kindern, trotz des Ärgers vom Vortag. Es ist schon etwas dran:

Blut ist dicker ... (als Wasser)!

Die Kinder freuten sich auch. Sie hatten sich schon jede Menge Aktivitäten ausgesucht, sodass mein Mann und ich in den nächsten Tagen endlich einmal wieder nur

von Luft und ... (Liebe leben)

konnten. Am Hafen angekommen, entdeckten wir unser Schiff schon von Weitem. Es war riesig! Wir alle waren aufgeregt. Bekanntlich ist ja

Vorfreude ... (die schönste Freude).

An Deck angekommen, schauten wir uns um und bezogen unsere Kabinen. Die Kinder zogen wie

Pat und … (Patachon)

sofort los und erkundeten die Welt an Bord. Ich hoffte, sie würden keinen Unfug anstellen, manchmal sind sie nämlich

mit allen Wassern … (gewaschen).

Aber ich brauchte mir keine Sorgen zu machen. Der Urlaub sollte wunderschön und erholsam werden. Wir werden uns noch lange daran zurückerinnern.

# AUF DER SONNENSEITE DES LEBENS

Meine große Schwester ist wirklich die Beste! Sie hat

die Sonne im ... (Herzen).

Wenn sie einen Raum betritt, dann

geht die Sonne ... (auf).

Sie verbreitet immer gute Laune und ist stets freundlich. Auch wenn es ihr einmal nicht so gut geht oder sie krank ist, blickt sie dennoch optimistisch in die Zukunft. Sie sagt dann immer:

„Auf Regen folgt auch wieder ... (Sonnenschein)!"

Meine große Schwester steht in jeglicher Hinsicht auf der

Sonnenseite des ... (lebens).

Im Sommer ist sie stets an der frischen Luft, um

Sonne zu ... (tanken).

Ich glaube, die frische Luft und die viele Sonne sind zwei der Gründe für ihr

sonniges ... (Gemüt).

Ihr ganzes Geheimnis habe ich noch nicht gelüftet, aber irgendwann bringt es

die Sonne ... (an den Tag).

Der Einzige, der es schafft, meine große Schwester aus der Ruhe zu bringen, ist unser Nachbar Heinz. Zu ihm sagt sie manchmal:

„Geh' mir aus der ... (Sonne)!"

Aber die beiden vertragen sich recht schnell wieder. Meine Schwester ist einfach ein Sonnenschein –

das ist ... (sonnenklar)!

# MARIE WARTET AUF DEN SOMMER

Früher war alles besser. Vor allem der Sommer. Der war wärmer. In diesem Jahr wollte der Sommer gar nicht recht kommen. Marie saß auf ihrem Balkon und ärgerte sich. Sie musste eine Strickjacke tragen. Dabei war sie gestern mit ihrer Schwester spazieren gegangen, und die beiden hatten eine Schwalbe gesehen. Doch da hatte sich der alte Spruch wieder bewahrheitet:

Eine Schwalbe ... (macht noch keinen Sommer).

Auf dem Spaziergang hatten die beiden Schwestern auch Herrn Müller, ihren Nachbarn aus der ersten Etage, getroffen. Er war wie immer schlecht gelaunt. Bei Herrn Müller lag das aber nicht an dem ausbleibenden Sommer. Herr Müller war von Natur aus ein alter Griesgram. Marie kannte ihn nun schon zehn Jahre und hatte schnell gelernt:

Mit dem ist nicht gut ... (Kirschen essen).

Gestern hatte er allerdings sehr freundlich gegrüßt und war sogar stehen geblieben, um sich ein bisschen mit den Schwestern zu unterhalten. Nach kurzer Zeit erfuhren die beiden, warum Herr Müller so gut gelaunt war. Er war gerade Opa geworden. So viel Freude über einen neuen Erdenbürger hätte Marie Herrn Müller gar nicht zugetraut. Doch da hatte es sich wohl wieder bewahrheitet:

Harte Schale, ... (weicher Kern).

Als Marie an das Enkelkind von Herrn Müller dachte, fiel ihr auch wieder ein, wie sie damals erfahren hatte, dass sie Oma wurde. Dieses warme Gefühl im Bauch, die Rührung und die Dankbarkeit so etwas erleben zu dürfen. Das waren die Momente im Leben, die wirklich zählten. Während Marie darüber nachdachte, hatte sich ein Sonnenstrahl durch die Wolken hindurchgekämpft und fiel nun warm auf ihre Nase. Sofort schoss ihr der Gedanke durch den Kopf:

„Was lange währt, ... (wird endlich gut)."

Als sie später den Wetterbericht sah, erfuhr sie, dass der Sommer sich nun durchgerungen hatte, zu kommen. Es sollte endlich schön werden. Eigentlich hätte sie es in ihrem Alter auch wissen müssen:

Auf Regen folgt ... (Sonnenschein).

# HERBST

# OKTOBERFEST

Gerd und Heidi gehen auf das Oktoberfest. Das machen sie jedes Jahr, seitdem sie verheiratet sind. Heidi hat ihr neues Dirndl angezogen und bittet Gerd, in seine Lederhose zu steigen. Gerd hat keine Lust, aber Heidi setzt sich durch. Sie sagt: „Gerd, du weißt doch,

Kleider machen ... (Leute)."

In Lederhose und Dirndl geht es los. „Ich kann es kaum abwarten, die schönen bunten Buden und die tolle Atmosphäre zu erleben", schwärmt Heidi. „Wir sind gleich da", stellt Gerd fest und bemerkt: „Aber du weißt ja,

Vorfreude ist die ... (schönste Freude)."

Als sie endlich da sind, ist alles genau so schön wie in ihren Erinnerungen. „Es ist so toll hier!", stellt Heidi fest. „Wann müssen wir denn wieder nach Hause?" „Ist doch egal", entgegnet Gerd. „Du weißt doch,

dem Glücklichen ... (schlägt keine Stunde)."

Gerd freut sich schon auf das Hendl, das er sich jedes Jahr kauft. Bei dem Gedanken daran läuft ihm das Wasser im Mund zusammen. Heidi freut sich auf den Zwetschgendatschi, den sie jedes Jahr auf dem Oktoberfest isst. Leider sind die Preise schon wieder gestiegen. Doch weil es nur einmal im Jahr ist, holen sie sich ihre Lieblingsleckereien. Schließlich hält Essen und Trinken ... (Leib und Seele zusammen).

Eine Maß Bier für jeden muss es natürlich auch geben. Heidi zögert etwas wegen des vielen Geldes. Da sagt Gerd: „Was soll's Heidi,

Geld allein ... (macht nicht glücklich)."

Das Bier schmeckt beiden ganz vorzüglich. Glücklich schwelgen die beiden in Erinnerungen an vergangene Oktoberfeste und beschließen, satt und zufrieden, wieder nach Hause zu gehen.

Man soll gehen, ... (wenn es am Schönsten ist).

Auf dem Heimweg hängen beide ihren Gedanken nach. „Jetzt sind wir schon so lange verheiratet", staunt Gerd, „und ich liebe dich immer noch so sehr wie am ersten Tag." „Ich dich auch!", antwortet Heidi. „Für mich ist das der Beweis:

Alte Liebe ... (rostet nicht)."

# DER HERBST IST DA

Der Herbst ist für mich die schönste Zeit des Jahres. Meine Freunde mögen den Sommer lieber. Ich kann das nicht verstehen. Wenn ich die bunten Blätter an den Bäumen sehe und weiß, dass sie bald herunterfallen, denke ich:

Alles Gute ... (kommt von oben).

Auch die Felder im Herbst erfreuen mein Herz. Die Arbeit des Jahres hat sich wieder einmal gelohnt. Und wenn aus dem gemahlenen Korn süßer Kuchen gebacken wird, weiß man:

Erst die Arbeit, ... (dann das Vergnügen).

Nach der Ernte folgt bei uns auf dem Dorf immer ein großes Erntefest. Das Datum steht vorher nie so genau fest. Es hängt immer davon ab, wann die Bauern die Ernte einfahren können. Das macht uns aber nichts aus. Denn wir wissen:

Man muss die Feste feiern ... (wie sie fallen).

Auch der Wald ist im Herbst besonders schön. Ich liebe es, durch das trockene Laub zu stapfen und die Bäume einzeln zu betrachten. Im Sommer stehen die Bäume voller Laub und man sieht manchmal gar nicht, wo ein Baum aufhört und der andere anfängt. Dann habe ich oft das Gefühl:

Man sieht den Wald ... (vor lauter Bäumen nicht).

Im Herbst ist das ganz anders. Da ist das Laub schon ausgedünnt, und man kann jeden einzelnen Baum gut erkennen. Ich betrachte die großen und die kleinen Bäume und genieße ihre Schönheit und Anmut. Natürlich nehme ich auch die Büsche in Augenschein. Was für Geld gilt, gilt für Bäume und Büsche schon lange:

Wer den Pfennig nicht ehrt, ... (ist des Talers nicht wert).

Deswegen weiß ich auch die kleineren Bäume und Büsche zu schätzen. Schon meine Oma hat immer gesagt:

„Klein, aber ... (fein)."

Ich habe das Gefühl, dass auch die Tiere den Herbst besonders mögen. Die Eichhörnchen sammeln fleißig ihren Vorrat für den Winter. Auch sie wissen:

Ohne Fleiß ... (kein Preis).

Aus all diesen Gründen ist und bleibt der Herbst meine liebste Jahreszeit.

# DER APFELBAUM

Als ich noch ein kleiner Junge war, ungefähr sechs oder sieben Jahre alt, habe ich im Garten meiner Eltern einen Apfelbaum gepflanzt. Erst wollte der Baum nicht richtig angehen, doch ich habe mich sehr gut um ihn gekümmert. „Weißt du, Rudi", sagte mein Vater,

„aller Anfang ... (ist schwer)."

Und tatsächlich: Die Mühe hat sich ausgezahlt. Durch meine Liebe und meine Pflege gedieh der Baum prächtig. Da sagte meine Mutter:

„Was lange währt, ... (wird endlich gut)."

Er wuchs Jahr um Jahr und schon im dritten Jahr hatten wir eine kleine Apfelernte. Wir pflückten die Äpfel von den Zweigen und hoben einige vom Boden auf. Dafür mussten wir nicht weit laufen, denn man weiß schließlich:

Der Apfel fällt ... (nicht weit vom Stamm)!

Ich liebte und liebe bis heute Apfelmus. Also kochte meine Mutter aus den Äpfeln Apfelmus und ich musste ihr dabei helfen, die Äpfel zu schälen und zu entkernen. Dazu hatte ich eigentlich keine Lust. Doch meine Mutter sagte:

„Erst die Arbeit, ... (dann das Vergnügen)."

Während sie das Apfelmus kochte, fragte ich mindestens fünfzigmal: „Mama, wann ist das Apfelmus fertig?“ Geduldig antwortete meine Mutter:

„Abwarten und ... (Tee trinken)."

Das Apfelmus meiner Mutter war das beste auf der ganzen Welt. Wenn ich es aß, wusste ich, dass sie mich liebte. Schließlich weiß jeder:

Liebe geht ... (durch den Magen).

Vor einem Jahr habe ich das Haus meiner Eltern geerbt. Der Apfelbaum steht immer noch im Garten. Das Haus zu verkaufen, kam für mich nicht infrage. Dann hätte ich ja auch meinen Apfelbaum verkaufen müssen. Denn mitnehmen kann man einen alten Baum nicht. Das weiß auch der Volksmund:

Einen alten Baum ... (verpflanzt man nicht).

Als mein Freund Theodor uns das erste Mal besuchte, saßen wir im Garten. „Was ist denn mit dem knorrigen alten Baum?“, fragte er. „Wollt ihr den fällen?“ Empört antwortete ich: „Natürlich nicht!“, und fuhr fort:

„Alter geht vor ... (Schönheit)!"

Dann servierte ich Theodor eine Schale vom Apfelmus von unserer aktuellen Apfelernte. Das Apfelmus war zwar nicht ganz so gut wie das von meiner Mutter, ein Gaumenschmaus war es aber trotzdem. Auch Theodor war begeistert. Er entschuldigte sich für seine Frage und betonte: „Einen Baum, der so köstliche Äpfel trägt, darf man natürlich nicht fällen." Und fügte hinzu:

„Hinterher ist man … (schlauer)!"

# WINTER

# GERHARD MACHT DEN NIKOLAUS

Gerhards Enkel Jan ist drei Jahre alt, und für dieses Jahr hatte Gerhard sich etwas ganz Besonderes vorgenommen: Er wollte sich als Nikolaus verkleiden und Jan damit überraschen. Ein tolles Kostüm hatte er sich schon gekauft. Bei der Anprobe hatte er sich fast selbst nicht im Spiegel erkannt:

Kleider machen ... (Leute).

Gerhards Tochter hatte viele Freunde von Jan eingeladen und alle freuten sich auf den Nikolaus. Ob ihn die Kinder mögen würden? Sicher! Er brachte ihnen ja schließlich Geschenke mit, und

kleine Geschenke ... (erhalten die Freundschaft).

Doch bevor er die Kinder überraschen konnte, musste er die Geschenke erst einpacken. Mit dem Geschenkpapier und dem Schleifenband war das eine ganz schön fummelige Arbeit. Aber daran führte kein Weg vorbei; ganz nach dem Motto:

Erst die Arbeit, ... (dann das Vergnügen).

Schließlich waren die Geschenke verpackt, und er schlüpfte in sein rotes Nikolauskostüm. Als er ein Kind war, war der Nikolaus noch weiß gewandet und trug einen Bischofsstab und eine Mitra. So kennen die meisten Kinder den Nikolaus heute nicht mehr.

Die Zeiten ... (ändern sich).

Vor dem Spiegel band er sich den flauschigen weißen Nikolausbart um. Der Bart juckte ein bisschen, sah aber toll aus.

Wer schön sein will, ... (muss leiden).

Sein Telefon klingelte: „Bist du schon unterwegs?", fragte seine Tochter. „Die Kinder freuen sich auf den Nikolaus und sind ganz aufgeregt!" „Ich komme jetzt gleich", versprach Gerhard. Schön, dass sich die Kinder auf ihn freuten.

Vorfreude ist ... (die schönste Freude).

Der Weg war nicht weit, und wenige Minuten später klopfte er an die Haustür seiner Tochter und rief: „Ho, ho, ho! Darf der Nikolaus eintreten?" Er verstellte dabei seine Stimme. Das hatte er zu Hause schon geübt, denn er wusste:

Der Ton ... (macht die Musik).

Die Kinder freuten sich riesig über die kleinen Geschenke, sie sagten Gedichte auf und sangen Adventslieder. Als Gerhard sich verabschiedete, sagte Jan: „Das war so schön, lieber Nikolaus!" Gerhard war glücklich. Es stimmte, es war wirklich schön.

Kindermund ... (tut Wahrheit kund).

Im nächsten Jahr würde Gerhard sich wieder als Nikolaus verkleiden.

# EIN GESCHENK FÜR THEA

Es war ein paar Tage nach dem zweiten Advent. Paul zog sich warm an, es hatte in der letzten Nacht geschneit. Er wollte in die Stadt gehen, um Weihnachtsgeschenke zu kaufen. Paul ging in diesem Jahr zeitig los, um die Geschenke zu besorgen, denn er hatte aus den letzten Jahren gelernt. Damals dachte er noch:

„Die Letzten werden ... (die Ersten sein)."

Er musste feststellen, dass dies für die Vorweihnachtszeit nicht galt. Es gab ein einziges Gedränge und endlose Schlangen an den Kassen. Vieles war schon ausverkauft, und die Leute waren

mit allen Wassern ... (gewaschen),

wenn es darum ging, wer das letzte Geschenk im Regal ergattern würde. Paul handelte dieses Jahr nach dem Motto:

Der frühe Vogel ... (fängt den Wurm).

Und er war sich durchaus sicher, dass er damit Erfolg haben würde.

Der Glaube kann ... (Berge versetzen).

Gleich im ersten Geschäft wurde er fündig. Obwohl er vorher noch gar keine Geschenkidee für seine Nichte Lisa hatte, stand er auf einmal vor einem dunkelbraunen Plüschpferd.

Lisa liebte Pferde! Und so war er heilfroh, es gefunden zu haben, und dachte sich:

„Ein blindes Huhn ... (findet auch mal ein Korn)!"

Im nächsten Geschäft wurde es schon enger. Da waren wohl noch einige andere auf die Idee gekommen, früh ihre Weihnachtsgeschenke zu kaufen. Er hörte, wie sich zwei Kunden lauthals stritten. Um was es ging, konnte er nicht verstehen, aber er sagte leise zu sich: „Ihr zwei seid auch

wie Feuer und ... (Wasser)."

Für seinen Sohn Jonas kaufte Paul einen Fußball und ein schönes Buch. Jetzt brauchte er nur noch ein Geschenk für seine Frau. Wie in jedem Jahr war Theas Geschenk eine Herausforderung für ihn. Früher hatte er versucht, sich einen Rat bei Theas Freundinnen zu holen, aber sie waren sich nie einig, und so sagte er sich:

„Viele Köche verderben ... (den Brei)."

Er musste also alleine entscheiden. Und tatsächlich fand er etwas. In der Schmuckabteilung eines großen Kaufhauses stieß er nach langem Suchen auf eine wunderschöne Kette aus Weißgold und dachte:

„Gut Ding will ... (Weile haben)."

Die Kette würde Thea ganz sicher gefallen. Endlich sah er

Licht am Ende ... (des Tunnels),

was seine Weihnachtseinkäufe anging.

Ganz aufgeregt vor Freude merkte Paul gar nicht, wie jemand seinen Namen sagte. Beim dritten Mal drehte er sich um. Es war Thea. „Hallo Schatz!“, sagte sie. Schnell versuchte er, Thea von der Kette abzulenken. Sie sollte ihre Überraschung auf keinen Fall schon vor Weihnachten sehen. Thea war spontan nach der Arbeit auch in die Stadt gegangen, um ein bisschen zu bummeln. Etwas neugierig, was Paul hier machte, war sie schon.

„Da liegt doch was in der ... (Luft)",

sagte sie. Doch Paul ließ sich nichts anmerken und zeigte ihr die Geschenke für Lisa und Jonas. Dann lud er seine Thea auf eine Tasse heißen Kakao und ein Stück Kuchen ein. Schließlich heißt es:

Liebe geht ... (durch den Magen).

Wie er Theas Kette nun kaufen sollte, war ihm allerdings ein Rätsel und er hoffte: „Vielleicht

geht mir noch ein Licht ... (auf)!"

# ALLES GUTE KOMMT VOM CHRISTKIND

Max saß in seinem Kinderzimmer auf dem Boden und schrieb eine lange Wunschliste für das Christkind. „Du bist dieses Jahr aber spät dran mit deinem Wunschzettel", fand seine Mutter, die eigentlich schon alle Geschenke besorgt hatte. „Weißt du, Mama, man sagt zwar:

‚Der frühe Vogel ... (fängt den Wurm).'

Aber das stimmt nicht immer." „Ach so", entgegnete seine Mutter und fügte hinzu: „Aber glaubst du nicht, dass die Wunschliste ein bisschen zu lang geworden ist? So viele Geschenke kann doch das Christkind gar nicht tragen!" Max sah seine Mutter an: „Ich wünsche mir lieber zu viel als zu wenig. Papa hat neulich gesagt,

‚Bescheidenheit ist eine Zier, ... (doch weiter kommt man ohne ihr).'"

„Aber du glaubst doch nicht, dass du sooo viele Geschenke bekommst?", fragte die Mutter. „Doch, ich habe mir ganz fest vorgenommen, daran zu glauben. Sonntag in der Kirche hat der Pfarrer gesagt:

‚Der Glaube kann ... (Berge versetzen).'",

entgegnete Max und fügte hinzu: „Er hat auch gesagt, dass es heute immer noch so ist, dass

Zeichen und ... (Wunder geschehen)."

Da musste seine Mutter lachen. „Wir wollen mal sehen, was das Christkind am Ende unter den Baum legt. Ich weiß ja nicht, wo das Christkind wohnt und woher es die ganzen Geschenke mitbringen muss!“ Max sah seine Mutter verwundert an. „Du weißt nicht, wo das Christkind wohnt? Das Christkind wohnt im Himmel. Das weiß man doch:

Alles Gute ... (kommt von oben).

Ich habe übrigens auch ein Geschenk für das Christkind gebastelt!“ Max holte ein mit Glitzerkleber und Sternen überladenes Pappgebilde aus seiner Schreibtischschublade. „Was ist denn das Schönes?“, fragte seine Mutter erleichtert darüber, dass ihr Sohn nicht nur an sich selbst dachte. Es ging ihr im Alltag schon oft auf die Nerven, dass der dumme Spruch

„Jeder ist sich selbst ... (der Nächste)"

allzu oft stimmte. „Das ist eine Trostkiste!“, antwortete Max. „Eine Trostkiste? Muss das Christkind denn getröstet werden?“, fragte seine Mutter überrascht. „Ich glaube schon“, seufzte Max. „Für die meisten ist es doch so, dass sie nach Weihnachten gar nicht mehr an das Christkind denken:

Aus den Augen, ... (aus dem Sinn)!

Ich möchte, dass das Christkind weiß, dass es bei mir nicht so ist.“ Die Mutter war so gerührt, dass ihr die Tränen in die Augen stiegen. Sie überlegte, ob sie nicht doch noch ein oder zwei Geschenke von Max’ Wunschliste besorgen sollte ...

# DAS WIRD JA EINE SCHÖNE BESCHERUNG GEBEN

Es ist ein Tag vor Weihnachten, und wie jedes Jahr geht es bei Müllers drunter und drüber. Es muss noch einiges erledigt werden. Mutter Müller ist ein bisschen nervös, aber Vater Müller sagt:

„Was lange währt, ... (wird endlich gut)."

Damit alles klappt, hat die Familie die Aufgaben verteilt. Vater Müller muss den Tannenbaum kaufen. Beim Christbaumverkäufer fällt ihm sofort ein kleiner, krummer Baum auf, der von allen links liegen gelassen wird. „Den nehme ich!", beschließt er. Er findet, dass der Baum Charakter hat – schließlich kommt es auf die inneren Werte an. Schon seine Oma wusste:

„Außen hui, ... (innen pfui)."

Mutter Müller muss die Plätzchen backen: Lebkuchen, Zimtsterne, Vanillekipferl und Nussmakronen. Erst wollte sie nur eine oder zwei Plätzchensorten backen, doch der Protest war groß. Denn jeder in der Familie hat eine andere Lieblingssorte. „Naja", dachte sie:

„Jedem Tierchen ... (sein Pläsierchen)."

Der achtjährige Erwin bastelt Christbaumschmuck und sitzt in einer Wolke aus Silberstaub. Außerdem hat er jede Menge Kleber, Glitzerleim, Tonpapier, Goldband und vieles mehr vor sich auf dem Tisch liegen. Mit seinen acht Jahren weiß er schon:

Viel ... (hilft viel).

Die zwölfjährige Anne packt die Weihnachtsgeschenke ein (natürlich nur die der anderen). Die Mutter erinnert sie noch einmal daran, die Preisschilder vorher zu entfernen. „Mama, das weiß ich doch. Muss ja keiner wissen, was die Sachen gekostet haben.

Einem geschenkten Maul ... (schaut man nicht ins Maul)."

Am Weihnachtsfest liegt sich die Familie in den Armen. Sie betrachten den wunderschön geschmückten, charaktervollen Tannenbaum und die liebevoll eingepackten Geschenke. Mutter Müller lächelt und denkt:

„Ende gut, ... (alles gut)."

# SILVESTERBUFFET

Margarete Herz war Köchin und Inhaberin des Cateringbetriebs „Buffets mit Herz". Für die diesjährige Silvestergala im Schloss Kollmak sollte sie das Buffet ausrichten. Es war eine besondere Gala. Geladen waren alleinstehende Männer und Frauen, die auf der Suche nach der Liebe waren. An dem Thema Liebe sollte sich auch das Buffet orientieren. „Sie wissen ja", hatte der Schlossherr Kollmak gesagt:

„Liebe geht ... (durch den Magen)."

Margarete Herz bereitete das Buffet für die Silvestergala ganz alleine zu. Sie wusste schließlich:

Viele Köche ... (verderben den Brei).

Ein bisschen aufgeregt war sie aber trotzdem. Sie war nämlich selbst zu der Silvestergala eingeladen und hatte sich ein bisschen in Herrn Kollmak verguckt. Doch sie musste sich erst einmal auf das Essen konzentrieren. Es sollte schließlich niemandem

der Bissen ... (im Hals stecken bleiben).

Und nicht auszudenken, was passieren würde, wenn jemand ein

Haar in ... (der Suppe)

finden würde. Doch das Buffet wurde ein Meisterstück und Margarete Herz schaute selig dabei zu, wie die Gäste der

Gala sich auf die Leckereien stürzten. Aufgeregt beobachtete sie Herrn Kollmak, als er ihre Pastete probierte. Doch als sie seinen Blick sah, wurde ihr leicht ums Herz.

Ein Blick sagt mehr … (als tausend Worte).

Kurz darauf bat Herr Kollmak Margarete um einen Tanz und sie schwebten über die Tanzfläche. Im anschließenden Gespräch mussten sie viel lachen. Sie hatten beide die Lieblingsfarbe Blau und aßen gerne Schokoladeneis. Man weiß ja:

Gleich und gleich … (gesellt sich gern).

Es war also kein Wunder, dass sich die beiden beim Anstoßen um Mitternacht ganz tief in die Augen blickten und ihre Lippen sich zu einem Kuss trafen. Wenig später flossen Sekt und Wein, und Herr Kollmak gestand Margarete, dass er das Fest eigentlich nur um ihretwillen ausgerichtet hatte. Margarete glaubte ihm, denn sie wusste:

Betrunkene und Kinder … (sprechen die Wahrheit).

# WINTER, DIE SCHÖNSTE JAHRESZEIT

Nur wenige können nachvollziehen, dass meine Lieblingszeit im Jahr nicht der Frühling mit seinen Blumen, nicht der Sommer mit seinen Früchten, sondern der Winter mit seinem Schnee ist. Neulich hatte ich eine längere Diskussion mit meiner Schwester darüber und am Ende sagte sie nur:

„Jedem das ... (Seine)."

„Im Winter", sagt meine Mutter, „da ist es kalt und nass. Das Wetter im Winter gefällt mir einfach nicht. Es ist immer schlecht!" Darauf antworte ich nur:

„Es gibt kein schlechtes Wetter, ... (es gibt nur falsche Kleidung)."

Aber eigentlich habe ich Diskussionen über meine Lieblingsjahreszeit schon lange aufgegeben. Mittlerweile weiß ich einfach, dass das Geschmackssache ist. Es ist ja bekannt:

Über Geschmack ... (lässt sich streiten).

Ein ganz besonderer Tag im Jahr ist für mich immer der Tag, an dem das erste Mal Schnee fällt. Doch oft muss ich mich in Geduld üben. Dann heißt es:

Abwarten und ... (Tee trinken).

Wenn die weißen Flocken zart vom Himmel herabfallen und sich auf der Erde eine weiße Schneedecke ausbreitet, dann weiß ich, dass es stimmt, was meine Oma immer behauptet hat:

„Alles Gute ... (kommt von oben)."

In diesem Jahr habe ich einen Verbündeten gefunden. Mein kleiner Neffe ist gerade drei Jahre alt geworden, und er hat den ersten Schnee genauso sehnsüchtig erwartet wie ich. Als er dann endlich fiel, stimmte das alte Sprichwort:

Geteilte Freude ... (ist doppelte Freude).

Mein Neffe riss die Augen auf, zeigte auf den Schnee und staunte: „Das ist das Schönste was es gibt. Ich glaube, ich mag den Winter von allen Jahreszeiten am liebsten!" Ja, ja:

Kindermund ... (tut Wahrheit kund).

Aber ein Spruch stimmt in diesem Fall wohl nicht. Meine Schwester, die Mutter meines Neffen, mag ja, wie schon berichtet, den Winter nicht besonders. In diesem Fall ist also das Sprichwort

„Der Apfel fällt nicht weit ... vom Stamm"

nicht ganz richtig.

# FUTTER FÜR DIE VÖGEL

Meine Oma hat immer gesagt:

„Der frühe Vogel ... (fängt den Wurm)."

Aber im Winter wird es für die Vögel immer schwerer, etwas zu essen zu finden. Man sagt zwar:

„Auch ein blindes Huhn ... (findet mal ein Korn)."

Doch im Winter sind die Körner manchmal unter einer dicken Schneedecke vergraben. Darum habe ich ein schönes Futterhäuschen aufgestellt. Das habe ich bunt angemalt. Vielleicht gilt auch für Vögel:

Das Auge ... (isst mit).

Eines Nachmittags kamen meine Eltern zu Besuch. „Uiuiui", sagte mein Vater. „Zu deiner Futterstelle kommen aber viele Spatzen. Ob du die jemals wieder loswirst?" Darauf habe ich nur geantwortet:

„Besser der Spatz in der Hand, ... (als die Taube auf dem Dach)."

Auch meine Mutter machte sich Sorgen: „Nicht, dass die Vögel morgens schon so viel zwitschern, dass sie dich aufwecken. Bei uns hieß es früher immer:

Dem Hahn, der zu früh kräht, ... (dreht man den Hals um)."

„Ich mag den Vogelgesang", konnte ich sie beruhigen. Doch ihre Bedenken gingen noch weiter: „Streiten sich die Vögel nicht um das Futter?“ „Nein“, antwortete ich. „Du weißt doch:

Eine Krähe hackt ... (der anderen kein Auge aus)."

Schließlich waren mein Vater und meine Mutter beruhigt und fragten mich, welche Vogelarten zu meinem Vogelhaus kamen. „Kommen auch Schwalben?“, frage meine Mutter. Ich antwortete:

„Eine Schwalbe macht ... (noch keinen Sommer).

Und im Winter fliegen Schwalben in den Süden.“ Ich erzählte meinen Eltern von den Meisen, Amseln und anderen Wintervögeln, die zu meinem Futterhäuschen kamen. Einige davon konnten sie an diesem Nachmittag sogar selbst beobachten.

# KLEIDER MACHEN LEUTE!

Hannelore und Irmgard sind beste Freundinnen. Sie besuchen schon seit Jahren gemeinsam den Karnevalsumzug. Ihre Kostüme stimmen sie immer aufeinander ab. In diesem Jahr verkleidet sich Hannelore als Tiger und Irmgard als Löwe. Heute sitzen die beiden gemeinsam an Hannelores Küchentisch und nehmen noch einige Verbesserungen an ihren Verkleidungen vor. Die Verkleidung ist ihnen sehr wichtig. Schließlich weiß jeder:

Kleider machen ... (Leute).

„Hoffentlich wird das Wetter schön!", sagt Irmgard. „Ja, das hoffe ich auch", stimmt Hannelore zu. „Man sagt zwar:

Es gibt kein schlechtes Wetter, ... (es gibt nur falsche Kleidung).

Aber bei der Kleidung sind wir ja schon festgelegt." Irmgard nickt. „Und eine Jacke über dem schönen Löwenkostüm kommt nicht infrage! Das sieht nicht gut aus." „Ach", wirft Hannelore ein, „Petrus wird sich schon zu benehmen wissen. Du bist schließlich ein gefährlicher Löwe, mit dem nicht zu spaßen ist. Schon mein Großvater hat immer gesagt:

‚Begib dich nicht in die Höhle ... (des Löwen).'"

„Das ist wahr", lacht Irmgard. „Und abends ist es vielleicht nicht so schlimm, wenn wir eine farblich passende Strickjacke überwerfen. Ich glaube das alte Sprichwort gilt auch für Tiger und Löwen:

In der Nacht ... (sind alle Katzen grau)."

„Ja, für mich ist es, sobald es dunkel wird, auch in Ordnung", stimmt Hannelore zu. „Da erkennt man es wirklich nicht mehr so genau, und wenn man es nicht sieht, ist es doch

Jacke wie ... (Hose)."

Nach zwei Stunden sind die Freundinnen endlich mit ihren Kostümen fertig. „Bist du auch zufrieden?", fragt Irmgard Hannelore. „Ja, sehr!", entgegnet Hannelore. „Man sagt ja,

erst die Arbeit, ... (dann das Vergnügen).

Und da die Arbeit erledigt ist: Möchtest du ein Glas Sekt?" „Gerne!", willigt Irmgard ein:

„Ein Schlückchen in Ehren ... (kann niemand verwehren)!"

# KREUZ UND QUER

# ALTKLEIDERSAMMLUNG

Melanie hat sich heute vorgenommen, ihren Schrank und den Schrank ihres Mannes einmal gründlich auszumisten. Das war schon lange überfällig. In den vergangenen Jahren hat sich so einiges angesammelt. Außerdem passen ihrem Mann viele Sachen nicht mehr, weil er ganz schön zugelegt hat. Er behauptet zwar, es läge daran, dass sie alle eingelaufen sind. Aber das war ja schon immer so:

Wenn der Bauer nicht schwimmen kann ... (liegt's an der Badehose).

Ihr Mann hatte keine Lust, ihr beim Ausmisten zu helfen. Melanie hatte zwar versucht, ihn zu überreden, aber er hat beteuert, dass es ihm ganz egal sei, welche Klamotten sie aussortiere. Er meinte:

„Das ist Jacke wie ... (Hose)."

Melanie freut sich hingegen schon richtig, endlich mehr Platz im Kleiderschrank zu haben. Dann kann sie sich auch mal wieder etwas Neues gönnen. Denn mit neuer Kleidung fühlt man sich manchmal wie ein ganz neuer Mensch:

Kleider machen ... (Leute).

Beim Aussortieren der Kleidung macht Melanie mehrere Stapel. Auch die aussortierte Kleidung faltet sie ordentlich zusammen, denn

Ordnung ist ... (das halbe Leben).

Bei einer dick gefütterten Skihose überlegt sie eine Weile, ob sie die Hose aussortieren soll. Sie hatte sie schon lange nicht mehr an. Schließlich legt sie die Hose aber auf den Stapel mit der Kleidung zum Behalten. Wenn es mal wieder sehr kalt wird, kann sie die Hose vielleicht doch noch gebrauchen:

Es gibt kein schlechtes Wetter, ... (es gibt nur falsche Kleidung).

Melanie überlegt, was sie mit der aussortierten Kleidung machen soll. Vielleicht verkaufen? Viele Sachen sind noch gut erhalten. Aber ob sich der Aufwand lohnen würde? Sie will die Klamotten lieber für einen guten Zweck spenden:

Das letzte Hemd hat ... (keine Taschen).

Sie entscheidet sich für die Kleidersammlung der örtlichen Kirchengemeinde. Da weiß sie, dass die Kleidung wirklich für den guten Zweck verwendet wird.

Es gibt nichts Gutes ... (außer man tut es)!

# MIT ALLEN WASSERN

Heute ist Waschtag bei Frau Meyer. Sie wäscht gar nicht gerne. Sie würde jetzt viel lieber den Fernseher einschalten und sich bei ihrer Lieblingsserie entspannen. Aber sie folgt stets der Regel:

Erst die Arbeit, ... (dann das Vergnügen).

Wie es wohl weitergeht bei ihrer Lieblingsserie? Hach, wenn doch heute kein Waschtag wäre! Doch die Wäsche wandert nun mal nicht von allein in die Maschine. Frau Meyer nimmt also ihren Wäschekorb und geht in den Waschkeller. Dort füllt sie ihre schmutzige Wäsche in die Waschmaschine von Frau Schulz, weil ihre eigene kaputt ist. Als letztes Jahr die Waschmaschine von Frau Schulz den Geist aufgegeben hatte, hat diese auch so lange Frau Meyers Maschine mitbenutzt. Bei Frau Meyer und Frau Schulz ist es so:

Eine Hand ... (wäscht die andere).

Hinter den Waschmaschinen dreht Frau Meyer den Wasserhahn auf, denn

Wasser ... (ist zum Waschen da).

Sie gibt Waschpulver und Weichspüler in die Kammer der Waschmaschine. Es ist wichtig, genug Waschpulver zu nehmen, denn benutzt man zu wenig, wird die Wäsche nicht richtig sauber.

Viel hilft ... (viel).

Dann noch schnell das richtige Waschprogramm wählen ..., aber welches Programm soll sie heute für die Wäsche benutzen? Ihre eigene Waschmaschine hat nicht so viele verschiedene Programme. Ob man wirklich so viele braucht?

Wer die Wahl hat, ... (hat die Qual).

Dann fängt die Waschmaschine an zu waschen. Sie zieht Wasser, die Trommel dreht sich nach rechts und nach links. „So", denkt Frau Meyer, „jetzt heißt es

abwarten und ... (Tee trinken).

Ich gehe nach oben und lese die Zeitung." Sie steigt die Stufen zu ihrer Wohnung hoch und setzt sich an den Küchentisch. – Wann die Wäsche wohl fertig ist? Frau Meyer schaut auf die Uhr. „Ich werde mal nachsehen", denkt sie nach einer Weile und geht wieder in den Keller. Die Wäsche wird gerade durchgespült und kurz darauf geschleudert. Insgesamt dauert es ganz schön lange, bis die Waschmaschine fertig ist. Dafür ist die Wäsche schön sauber geworden.

Gut Ding ... (will Weile haben).

Frau Meyer nimmt die Wäsche aus der Maschine und hängt sie auf die Leine. Jetzt kann sie in Ruhe nach oben gehen und ihre Lieblingsserie schauen. Die Wäsche wird erst morgen trocken sein.

# ERST DIE ARBEIT, DANN DER URLAUB

Herbert war gedanklich schon im Schwarzwald. Als er gerade im Wohnzimmer stand und von herrlichem Schwarzwälder Schinken auf frisch gebackenem Brot träumte, holte Irene ihn aus seinem Tagtraum zurück. „Wolltest du nicht die Koffer ins Auto tragen?", fragte sie freundlich, aber bestimmt. Herbert besann sich: Ach ja, das hätte er doch glatt vergessen vor lauter Vorfreude auf den Urlaub. Wie hieß es noch gleich?

Erst die Arbeit, ... (dann das Vergnügen).

Er ging ins Schlafzimmer. Die Koffer lagen gepackt auf dem Bett. Gepackt, versteht sich, nicht verschlossen. Das Verschließen der Koffer war Herberts Aufgabe, das Packen Irenes. Irene wusste immer genau, was sie alles in den Urlaub mitnehmen mussten. Und ihrer Meinung nach sollte das auch in ihre großen Koffer passen. Dass dies nicht immer klappte, wenn man die Sachen „nur" hineinlegte, hatte Herbert schon oft versucht, ihr zu erklären. Es half nichts. Also packte er vor jedem Urlaub die vorbereiteten Koffer wieder aus, legte die Sachen ordentlich und passend wieder hinein, und siehe da – der Koffer ging zu. Herbert murmelte:

„Ordnung ist das ... (halbe Leben)",

und trug die Koffer zum Auto. „Jetzt muss ich das ganze Gepäck nur noch im Auto verstauen", dachte Herbert, und dabei wanderte sein Blick zwischen dem leeren Kofferraum und den Koffern und Taschen, die Irene noch dazugestellt hatte, hin und her. Als er so dastand und sich überlegte, wie die ganzen Sachen ins Auto passen würden, stieg ihm mit einem Mal ein wunderbarer Geruch in die Nase. Er drehte sich um. Hinter ihm stand Irene mit einem Schinkenbrötchen und einer Flasche kühlem Bier in der Hand. Mit einem Mal verwandelte sich Herberts angestrengte Miene zu einem milden Lächeln. Es ist nun einmal so:

Liebe geht ... (durch den Magen).

Irene sagte entschuldigend: „Es ist zwar kein echter Schwarzwälder Schinken, aber zumindest ein Vorgeschmack auf morgen. Und vielleicht fällt dir das Kofferverstauen dann ein wenig leichter.“ Herbert bedankte sich und gab ihr einen Kuss auf die Stirn. Er aß genüsslich sein Schinkenbrötchen, trank sein Bier aus und machte sich dann ganz leichtfüßig ans Packen. Irene lächelte und dachte bei sich:

„Mit Speck ... (fängt man Mäuse).“

Herbert war im Nu fertig. Er mähte dann noch den Rasen und räumte die Garage auf. Irene zupfte Unkraut, wischte die Wohnung und machte die Küche fertig. Zum Schluss waren beide zwar sehr erschöpft, aber

geteiltes Leid ist ... (halbes Leid).

Pünktlich zur „Tagesschau“ waren alle Urlaubsvorbereitungen erledigt. Herbert trank noch sein Feierabendbier, und Irene löste ein Kreuzworträtsel, dann gingen sie zeitig schlafen. Am nächsten Morgen standen sie früh auf, tranken zusammen Kaffee, und Irene schmierte ein paar Brote für unterwegs. Herbert ging zum Auto. Mit einem Ohr hörte er, wie Irene sagte: „Ich habe noch zwei, drei Kleinigkeiten dazugestellt ...“ Als er jedoch in die Garage kam und die „Kleinigkeiten“ sah, dachte er:

„Ich glaub, mich tritt ... (ein Pferd)!"

Als er gerade anfangen wollte, laut loszuschimpfen, fiel ihm der Schwarzwälder Schinken ein. Er atmete dreimal tief durch und sagte sich, dass es im nächsten Jahr bestimmt anders werden würde. Denn:

Die Hoffnung ... (stirbt zuletzt)!

# VERFLIXT UND ZUGENÄHT!

Karolin saß am Küchentisch und hatte ihre Wolle ausgebreitet. Ihr Mann, Klaus, wollte heute zu seinem Skat-Nachmittag gehen, und so hatte sie endlich ein bisschen Zeit für ihre Handarbeitsprojekte.

Sie freute sich nicht gerade, als Klaus plötzlich in die Küche kam und sagte: „Gustav hat gerade angerufen, der Skat-Nachmittag fällt aus! Lass uns fernsehen. Stricken kannst du doch auch morgen!“ Doch Karolin wollte ihren Handarbeitsnachmittag nicht verschieben. Schließlich hieß das alte Sprichwort nicht umsonst:

Morgen, morgen, nur nicht heute ... (sagen alle faulen Leute).

„Ich muss es heute erledigen“, sagte sie dann auch zu Klaus und fügte hinzu:

„Was du heute kannst besorgen, ... (das verschiebe nicht auf morgen).

Du kannst dich aber gerne zu mir setzen. Mich interessiert, was bei dir in der Firma so los ist. Kannst du mir nicht ein bisschen von der Übernahme erzählen?“ Klaus schmunzelte: „Eigentlich darf ich davon gar nichts erzählen. Doch schließlich sind wir ein Fleisch. Da kann ich eine Ausnahme machen und ein bisschen

aus dem Nähkästchen ... (plaudern)!"

Klaus erzählte und Karolin strickte den Rest eines Schals. Als der Schal fertig war, fragte sie ihren Mann: „Na, wie gefällt er dir?“ Klaus überlegte kurz, eigentlich gefielen ihm die Farben, ein rotschimmerndes Braun und ein dunkles Grün. Doch die Kombination fand er etwas seltsam. Zu seiner Frau sagte er allerdings: „Er ist wunderschön geworden!“ Schließlich wollte er sich nicht

mit ihr in die ... (Wolle kriegen).

Klaus hatte gehofft, dass Karolin nach dem Stricken des Schals fertig war, doch sie holte unbeirrt ihr Nähkästchen hervor. „Kannst du nicht endlich Schluss machen?“, quengelte Klaus. „Die Knöpfe hier muss ich heute noch annähen. Das ist wirklich wichtig,

da beißt die Maus ... (keinen Faden ab)",

erklärte Karolin und kramte und kramte in ihren Nähutensilien. „Was suchst du denn?“, fragte Klaus schließlich. „Meinen Fingerhut! Sonst steche ich mir doch immer in den Finger. Aber es ist, als würde ich

die Nadel im ... (Heuhaufen suchen)."

Klaus grinste, er hatte einen Blick in das Nähkästchen geworfen und den Fingerhut entdeckt. Er griff danach und gab ihn ihr. Manchmal

sieht man den Wald vor ... (lauter Bäumen nicht).

Es dauerte nicht mehr lange und Karolin war fertig – ohne sich in den Finger zu stechen. Nun hatte sie die Ruhe und Zeit, um den Tag gemeinsam mit Klaus vor dem Fernseher ausklingen zu lassen.

# MAX UND MORITZ

Max und Moritz waren meine Meerschweinchen und damals meine besten Freunde. Sie durften sogar manchmal bei mir im Zimmer übernachten. Sie schliefen dann zwar nur auf dem Fußboden vor meinem Bett, aber das war ihnen, glaube ich, immer noch lieber, als draußen im Schuppen – besonders im kalten Winter!

Wenn ich die beiden dann nachts von meiner Bettkante aus betrachtete, dachte ich im Stillen:

„Trautes Heim ... (Glück allein)!"

Und die beiden sahen so aus, als dachten sie es auch.

Ich bekam die beiden Meerschweine an meinem ersten Schultag. Ich weiß noch ganz genau, wie aufregend dieser Tag für mich war, und dass ich mich dennoch etwas unsicher fühlte. Ständig sagten die Erwachsenen: „Ach, du kommst bald in die Schule? Dann beginnt ja jetzt für dich

der Ernst des ... (Lebens)."

So schlimm war es rückblickend aber gar nicht. Ich hatte sehr nette Klassenkameraden, mit denen ich mich gleich am ersten Tag anfreundete.

Max und Moritz saßen im Garten, als wir nach der Einschulung mit der ganzen Familie nach Hause kamen. Ich konnte mein Glück kaum fassen. Zwischen uns war es wirklich

Liebe auf den ersten ... (Blick)!

Flink wie ein ... (Wiesel)

sammelte ich Löwenzahn und fütterte die beiden – denn ich wusste:

Liebe geht ... (durch den Magen).

Mein Vater hatte den beiden einen Käfig gebaut, der windgeschützt in unserem Schuppen stand. Er war handwerklich sehr begabt – zur Freude meiner Mutter. Sie sagte dann immer:

„Die Axt im Haus ... (erspart den Zimmermann)."

Max und Moritz fühlten sich in ihrem Käfig sehr wohl. Die Tage vergingen. Morgens gewöhnte ich mich an die Schule und mittags gewöhnten sich Max und Moritz immer mehr an mich. Wie sich herausstellte, hatten die beiden ziemlich viele Flausen im Kopf. Wenn wir zu dritt auf der Wiese spielten und die beiden um mich herumtollten, kamen sie zwischendurch plötzlich angewetzt und zwickten mich ins Bein. Böse war ich ihnen aber nie, vielmehr kraulte ich sie im Nacken und dachte:

„Was sich liebt, das ... (neckt sich)."

Am liebsten wäre ich nach der Schule immer sofort zu ihnen in den Schuppen gelaufen. Meine Mutter bestand allerdings darauf, dass ich erst meine Hausaufgaben erledigte. Ich weiß nicht, wie oft ich von ihr gehört habe:

„Erst die Arbeit, ... (dann das Vergnügen)."

Diesen Satz sagte sie übrigens auch, wenn es darum ging, den Käfig sauber zu machen. Das war wirklich nicht meine Lieblingsbeschäftigung. Ich tat es dann aber doch, damit die beiden Meerschweinchen sich bei mir wohlfühlten. Frei nach dem Motto

„Was du heute kannst besorgen, ... (das verschiebe nicht auf morgen)!"

reinigte ich den Käfig, legte neues Stroh hinein, gab ein paar Möhren und frische Salatblätter dazu und hatte dann schnell wieder Zeit, um mit ihnen zu spielen.

Ja, ja, das waren noch Zeiten ... Morgen wird mein Enkel eingeschult. Paul freut sich sehr, endlich in die Schule gehen zu dürfen. Und ich bin sehr gespannt und freue mich schon auf sein Gesicht, wenn er meine Überraschung sieht, die ihn morgen im Garten erwartet.

Vorfreude ist ... (die schönste Freude)!

# VATER IN DER KÜCHE

Mein Vater konnte genau drei Gerichte kochen. Das erste war Bratkartoffeln mit Spiegelei. Manchmal wurde es auch Rührei – je nachdem, wie gut es ihm gelang, das Ei in die Pfanne zu schlagen. Wenn ihm mal wieder ein Ei danebenging oder der Dotter aufplatzte, sagte er immer:

„Pech im Spiel, ... (Glück in der Liebe)",

und lächelte meine Mutter liebevoll an.

Das zweite Gericht war Toast Hawaii. Das mochte ich am liebsten, denn da konnte er fast nichts falsch machen. Es sei denn, er vergaß die Toasts im Backofen und musste noch einmal von vorne anfangen. Wenn meine Schwester und ich dann mit unseren hungrigen Bäuchen vor ihm standen, sagte er:

„Gut Ding will ... (Weile haben)!"

Beim zweiten Versuch sind ihm die überbackenen Toastscheiben dann aber meist gelungen.

Die dritte Spezialität meines Vaters war Gurkensalat. Den machte er richtig gut! Und der brannte ihm auch nie an. Mit saurer Sahne und einer Prise Zucker ... Lecker! Gewürzt hat er ihn immer nach Lust und Laune, trotzdem hat der Salat jedes Mal geschmeckt. Meine Mutter neckte ihn manchmal damit:

„Ein blindes Huhn findet ... (auch mal ein Korn)",

sagte sie dann immer. Ja, ja,

was sich liebt, ... (das neckt sich).

Mein Vater überließ das Kochen unter der Woche meiner Mutter. Ehrlich gesagt, war er mittags ja auch immer bei der Arbeit, wenn wir aus der Schule nach Hause kamen und Hunger hatten. Aber auch wenn er abends noch etwas Warmes essen wollte, wünschte er sich etwas von meiner Mutter.

„Viele Köche verderben ... (den Brei).

Du machst das schon am besten", sagte er dann immer zu ihr. Und sie kochte gerne für ihn.

Liebe geht ... (durch den Magen).

An den Wochenenden kochte mein Vater manchmal für uns. Wir Kinder hatten unsere Freude daran und schauten ihm gespannt zu. Zwischendurch durften wir von den Bratkartoffeln oder der Salatsoße probieren. Aber wir wussten immer:

Man soll den Tag nicht ... (vor dem Abend loben).

Schließlich konnten die Bratkartoffeln auch während des Tischdeckens noch anbrennen. Satt geworden sind wir aber früher oder später immer. Und geschmeckt hat es auch.

# EINE AUSBILDUNG HAT HAND UND FUSS

Es ist nicht immer einfach, sich im Berufsleben durchzusetzen. Während meiner Ausbildung zum Bäcker hatte ich einen sehr strengen Chef. Manchmal hat er uns Lehrlinge sogar angeschrien. Ich wollte mich darüber beschweren, doch meine Mutter war eine sehr ängstliche Frau. Sie riet mir:

„Beiß nicht die Hand, ... (die dich füttert)."

Ich wollte damals schon gerne Konditormeister werden. Vielleicht hätte ich auch zu diesem Zeitpunkt schon die Möglichkeit gehabt, eine Lehrstelle als Konditor zu bekommen, doch mein Vater war der Meinung, dass ich erst meine Bäckerlehre beenden sollte. Er unterstrich das mit dem Sprichwort:

Besser der Spatz in der Hand, ... (als die Taube auf dem Dach).

Wir waren insgesamt drei Bäckerlehrlinge und haben uns immer untereinander geholfen. Wenn einer ein Rezept nicht mehr wusste, hat der andere ihm aus der Klemme geholfen. Denn es ist schließlich bis heute so:

Eine Hand ... (wäscht die andere).

Nur einmal war ich etwas sauer auf einen meiner Lehrlingskollegen. Damals hatte mich Erwin um Hilfe beim Backen der Milchhörnchen gebeten. Ich helfe immer gerne. Leider war es am Ende so, dass ich die Milchhörnchen ganz alleine gebacken habe. Daraus habe ich gelernt:

Wenn man jemandem den kleinen Finger reicht, ... (nimmt er die ganze Hand).

Heute bin ich meinen Eltern dankbar dafür, dass ich die Bäckerlehre beendet habe. Dadurch habe ich die Dinge von der Pike auf gelernt. Auf eine ordentliche Ausbildung kann man bauen. Sie hat einfach

Hand ... (und Fuß).

Nach der Bäckerlehre hatte ich das Glück, auch noch eine Lehre zum Konditor machen zu können. Die Ausbildung fiel mir sehr leicht, da ich vieles schon in meiner Lehre zum Bäcker gelernt hatte. Doch filigrane Torten und originelle Pralinenkreationen stellten mich nochmals vor eine ganz besondere Herausforderung. Es hat mir richtig viel Spaß gemacht. Da habe ich verstanden:

Erst kommt die Pflicht, ... (dann die Kür).

# WIR GEHEN EINKAUFEN!

Heute gehen Helma und Franz einkaufen. Da Franz ungern einkaufen geht, musste Helma ihn erst überreden, mitzukommen. Als Belohnung hat Helma Franz Bratkartoffeln mit Speck versprochen. Man sagt zwar:

Mit Speck fängt man ... (Mäuse),

aber in diesem Fall fängt man mit Speck wohl eher einen Franz. Da Franz Bratkartoffeln mit Speck wirklich sehr, sehr gerne isst, hat er sich überwunden. Manchmal muss man eben

in den sauren ... (Apfel beißen).

„Hast du dein Geld auch eingesteckt?“, fragt Franz Helma kurz vor der Abfahrt. „Natürlich“, erwidert Helma. „Geld ist zwar nicht alles, aber

Geld regiert ... (die Welt).

Und ohne Geld wird es schwierig mit dem Einkaufen!“

Im Laden angekommen, kramt Helma die Einkaufsliste aus ihrer Tasche. Natürlich stehen Kartoffeln darauf. Franz steht vor den Kartoffeln und staunt: „Wenn das Sprichwort stimmt

‚Die dümmsten Bauern ... (haben die dicksten Kartoffeln)‘,

dann waren diese Bauern ganz schön dämlich." „Prima", sagt Helma, „wenn die Kartoffeln größer sind, muss ich nicht so lange schälen. Ich bin ja immer schon ein bisschen faul gewesen, schon in der Handarbeitsstunde hat meine Lehrerin zu mir gesagt:

‚Langes Fädchen ... (faules Mädchen).'

Glaubst du, dass dir Bratkartoffeln reichen, Franz? Möchtest du noch etwas anderes dazu essen?" – „Nein, keine Angst", entgegnet Franz. „Ich werde schon nicht

vom Fleisch ... (fallen).

Bisher bin ich bei dir immer satt geworden." „Vielleicht ein paar Spiegeleier?", fragt Helma. Damit ist Franz einverstanden, und die beiden gehen weiter zum Eierregal. „Kontrolliere bitte, ob auch keine kaputten Eier in der Verpackung sind", ermahnt Helma. Franz rollt ein bisschen mit den Augen: „Ja, ja, ich weiß:

Augen auf ... (beim Eierkauf)".

Es wandern noch Mehl, Zucker, Wurst, Käse, Milch, Marmelade und einige andere Kleinigkeiten in den Einkaufswagen. „Haben wir auch nichts vergessen?", fragt Franz am Ende des Einkaufs. „Ich glaube nicht", entgegnet Helma. „Sollten wir doch etwas vergessen haben, können wir ja einfach nochmal einkaufen gehen.

Was man nicht im Kopf hat, ... hat man in den Beinen!"

# ZWEI LINKE FÜSSE

Irmgard freut sich schon die ganze Woche auf den Samstagnachmittag, denn da ist Tanzcafé im Bürgerhaus. Ihren Mann Helmuth musste sie überreden mitzukommen. „Irmgard", hatte er sich beschwert, „du weißt doch, dass ich

zwei linke ... (Füße)

habe." „Wenn du nicht gut tanzen kannst", hatte Irmgard eingewandt, „musst du es erst recht üben! Schließlich gilt:

Es ist noch kein Meister ... (vom Himmel gefallen)!"

„Ach, jetzt bin ich schon so alt", hatte Helmuth weiter versucht, sich zu drücken. „Du weißt doch wie man sagt:

Was Hänschen nicht lernt ... (lernt Hans nimmermehr)!"

„Deswegen heißt du ja auch nicht Hans, sondern Helmuth." Mit diesen Worten hatte Irmgard die Diskussion schließlich beendet. Und jetzt saß sie vor ihrem Schminkspiegel und freute sich auf den Nachmittag. Sie legte etwas Rouge auf und zog die Lippen mit ihrem Lieblingslippenstift nach. „Muss ich wirklich den Anzug anziehen?", hörte sie Helmuth hinter sich maulen. „Ja", antwortete sie, „du weißt doch,

Kleider ... (machen Leute)."

Dann war es endlich so weit: Die beiden stiegen ins Auto und fuhren zum Bürgerhaus. Dort erwartete sie ein prächtig geschmückter Festsaal, und die ersten Paare drehten sich schon auf der Tanzfläche. „Darf ich bitten?", flüsterte Irmgard Helmuth ins Ohr. Als sie sein wenig begeistertes Gesicht sah, fügte sie hinzu: „Komm schon, es wird dir Spaß machen. Wir wollen nur ein wenig

das Tanzbein ... (schwingen)."

Beim ersten Tanz trat Helmuth Irmgard zweimal auf den Fuß. Beim zweiten Tanz trat Helmuth Irmgard einmal auf den Fuß. Und nicht umsonst sagt man:

Aller guten Dinge ... (sind drei).

Denn beim dritten Tanz trat Helmuth Irmgard schließlich kein einziges Mal auf den Fuß. „Siehst du", sagte Irmgard zu Helmuth:

„Übung macht ... (den Meister)!"

# EINKAUF AUF DEM MARKT

Heute ist Markttag und wie immer mache ich mich morgens sehr früh auf den Weg.

Der frühe Vogel ... (fängt den Wurm).

Das Wetter spielt heute allerdings nicht mit.

Es regnet wie ... (aus Kübeln)!

Darüber sollte ich mich jedoch nicht wundern, denn wir haben April und

der April macht, ... was er will!

Mit einem Regenmantel, wetterfesten Schuhen und einem Schirm ausgestattet, gehe ich los und freue mich auf das frische Obst und Gemüse.

Auf dem Weg zum Markt komme ich an Herrn Krämers Haus vorbei. Herr Krämer steht wie immer am Fenster und blickt in die Ferne. Ich grüße ihn freundlich, ohne Erwartung einer Antwort, denn Herr Krämer redet nicht gerne. Ich grüße ihn trotzdem.

Steter Tropfen ... (höhlt den Stein)!

Weiter begegnen mir noch Frau Kurz und Herr und Frau Zimmermann, die auch auf dem Weg zum Markt sind. Wir unterhalten uns kurz an einer Straßenecke und ziehen danach gemeinsam weiter. Herr und Frau Zimmermann befinden sich im regen Austausch über dies und das: Herr Zimmermann möchte grüne Äpfel, Frau Zimmermann lieber rote. Frau Zimmermann möchte Brot kaufen, Herr Zimmermann mag lieber Brötchen und, und, und ... Auf die beiden trifft das Sprichwort wirklich zu:

Gegensätze ... (ziehen sich an).

Sie einigen sich auf grüne Äpfel und ein Brot, so sind beide zufrieden.

Ich gehe zum Blumenstand. Der Blumenhändler ist heute allerdings

mit allen Wassern ... (gewaschen)!

Das ist ein Handeln und Feilschen gewesen, bis ich meine Blumen endlich zu dem Preis bekommen habe, den ich mir vorgestellt hatte. Kurzum besorge ich ihm dann aber vom Käsestand seinen Lieblingskäse.

Eine Hand wäscht ... (die andere).

Zum Mittagessen soll es heute Gulasch geben, deswegen muss ich unbedingt noch zum Fleischer.

Die Liebe geht ... (durch den Magen),

hat meine Mutter früher immer gesagt. Und sie hatte Recht! Am Markttag ist deshalb bei uns immer Gulasch-Tag.

Frau und Herr Zimmermann verabschieden sich, sie sind schon mit ihren Einkäufen fertig, aber nicht mit ihren Sticheleien – ganz nach dem Motto:

Was sich liebt ... (das neckt sich).

Ich habe mein Gulasch besorgt, den Korb voll Obst und Gemüse und auch noch ein frisches Brot gekauft. Die Blumen trage ich in der Hand. Es hat mittlerweile aufgehört, zu regnen, und ich brauche zum Glück keinen Schirm mehr.

Auf dem Heimweg komme ich wieder an Herrn Krämers Haus vorbei. Diesmal steht er in seinem Vorgarten. Auf mein „Guten Morgen!" grüßt er völlig überraschend zurück und beginnt, von seinen Blumen und den selbst gepflanzten Obstbäumen zu berichten. Wir unterhalten uns fast eine ganze Stunde angeregt über dies und das. Ich sag's ja immer:

Stille Wasser ... (sind tief)!